거절한다는 것

거절한다는 것

2021년 10월 05일 초판 7쇄 펴냄

지은이 · 서영선
그린이 · 임미란
펴낸이 · 길도형
디자인 · 우디
펴낸곳 · 장수하늘소
출판등록 · 제406-2007-000061호
주소 · 10212 경기도 고양시 일산서구 덕산로 250
전화 · 031-923-8668
팩스 · 031-923-8669
E-mail · jhanulso@hanmail.net

ISBN 978-89-94627-03-8 74330 / ISBN 978-89-94627-45-8(세트)

초등학생이 꼭 만나야 할 민주사회 이야기

거절한다는 것

햄버거와 피자의 차이

글 · 서영선 | 그림 · 임미란

장수하늘소

머리말

거절하는 데는 용기와 지혜가 필요해요

"착한 아이가 돼야지."

"부모님 말씀 잘 들어야지."

우리 어린이들이 가장 많이 듣는 말일 거예요. 틀림없이 부모님이나 선생님의 기대에 어긋나지 않으려고 착한 아이가 되려고 노력했겠지요? 코흘리개 시절은 지났지만, 지금도 마찬가지일 거예요.

'착한 아이로 살려면 남의 부탁을 잘 들어주어야지.'

'모르는 것도 잘 알려 주는 친절한 사람이 되어야지.'

알게 모르게 마음 속으로는 이 같은 다짐을 했을지도 몰라요.

그런데 도대체 '착한 아이' 와 '거절' 은 무슨 관계가 있는 걸까요?

몇 년 전, 텔레비전 프로그램에서 다음과 같은 실험을 한 적이 있어요.

'초등학생들에게 길을 물어보면 어떤 반응을 보일까?' 라는 것이었지요. 부모님이 늘 '낯선 사람은 따라가지 마라' 고 교육을 했는데도, 대부분의 학생들은 정말 친절하게도 직접 낯선 사람들에게 길을 가르쳐 준 것이지요. 왜 그럴까요?

'착한 아이=친절한 아이=남의 부탁을 잘 들어주는 아이' 라는 공식이 우리 머리 속에 들어 있기 때문이지요.

사실 '거절' 을 하는 것은 힘든 일이에요. 우리가 그 동안 가져왔던 착한 아이라는 공식을 단번에 깨버리는 일인데다, 부탁을 한 사람과 갈등을 빚게 될까 봐 마음이 불편해지기 때문이에요.

그렇지만 거절을 잘 하는 것도 살아가기 위한 힘이고 지혜예요. 부탁을 부드럽게 물리치면 상대방도 기분이 상하지 않을 거예요. 거절하는 이유를 차근차근 설명하는 지혜와 노력이 필요하지요. 오죽하면 '지혜롭게 거절하는 법' 에 대해 쓴 책들이 나왔겠어요?

때때로 거절하는 데에는 용기가 필요해요. 이 책의 서희 장군과 박제상은 목숨을 내놓아야 할지 모르는 위태로운 상황에서도 자기의 의지를 지키려고 용기를 내어 거절을 하지요.

이 책을 읽는 어린이들도 거절을 해야 하는 상황에 놓일지도 몰라요.

어제 아빠가 사주신 예쁜 샤프를 친구가 빌려 달라고 한다면? 골목길을 지나는데 돈을 달라는 형들이 있다면? 같은 반 친구를 따돌리는 데 끼어야 한다면? 도둑질을 목격했다면? 만약 이와 같은 상황에 처했다면 여러분은 어떻게 할 것인가요?

거절을 할 땐 마음이 불편하고 괴로울 거예요. 하지만 앞뒤 상황을 생각하고, 앞으로 내가 어떻게 행동할지를 생각하고, 미래에도 떳떳할지를 생각하고 결정하는 지혜로운 눈이 필요해요. 엎질러진 물은 주워 담을 수 없는 거니까요. 내가 한 선택의 몫은 내 것이니까요.

2010년 10월 서영선

차례

1. 불의한 힘에 맞서 거절하기

눈 먹는 하마

종례 시간이 끝나고 아이들이 하나둘 집으로 돌아가고 있어요. 그런데 정수는 책가방을 싸면서도 느릿느릿한 것이 왠지 안절부절 못 하는 것처럼 보였어요. 내가 어깨를 툭 치자 정수가 깜짝 놀라는 거예요.

"너, 왜 그래? 아까부터 좀 이상한데?"

정수는 그 말에 땅이 꺼져라 한숨만 내쉬었어요. 정말 이상한 일이에요. 사실 정수의 행동이 수상한 건 벌써 며칠 전부터였어요. 집에 갈 시간만 되면 가방을 쌌다가는 풀고 했지요. 주위를 둘러보고는 같이 갈 사람을 애타게 찾는 눈치였어요. 나는 학원 갈 시간이 바빠 그냥 지나치기 일쑤였지요. 그렇지만 오늘은 왜 그러는지 물어보려고 마음먹은 참이에요.

"무슨 일 있어? 왜 집에 안 가?"

"그게, 저, 그게 말이야……."

정수는 대답을 망설였어요. 그러다가 내가 거듭 묻자 이렇게 털어놓았어요.

"휴우, 오늘도 하마를 만날까 봐 그래."

뚱딴지같이 '하마' 라니요?

"하마라니? 하마가 어디 있어?"

내 말에 오히려 정수가 기가 막힌 모양이에요.

"너, 하마 몰라? 돈 먹는 하마. 너, 우리 학교 학생 맞아?"

정수는 가방을 둘러메더니 이렇게 말했어요.

"좀만 기다려. 너도 곧 알게 될 테니."

정수 얼굴은 집으로 가는 내내 어두웠어요. 자꾸 주변을 두리번거리기까지 하면서요. 나는 정수 뒤만 졸졸 따라갔어요.

정수네로 가는 골목에 접어들었을 때예요.

"윤정수, 거기 서!"

누군가 정수를 불렀어요. 그 소리에 정수는 금세 얼어붙었어요. 나는 슬며시 뒤를 돌아보았어요. 덩치는 커다랗고 인상은 무서운 형이 눈을 부라리고 서 있었어요. 중학생은 돼 보였어요. 나는 더럭 겁이 났어요. 아마 저 형이 아까 정수가 말한 '돈 먹는 하마' 인가 봐요.

"자, 돈 내놔."

하마는 대뜸 정수에게 손을 내밀었어요. 정수는 겁에 질려 부들부들 떨리는 손으로 가방을 열었어요. 정수가 가방에서 꺼낸 건 천 원짜리 지폐 몇 장이었어요. 난 그 모습을 지켜보며 주먹을 꼭 움켜쥐었어요. 뭔가 해야 할 것 같은데, 뭘 해야 할지 생각이 나지를 않았어요. 그렇지만 머리 속에서는 계속 '이건 아니야!' 란 생각이 맴돌았어요.

"안 돼, 정수야. 지금 주면 자꾸 줘야 돼. 나중엔 더 많이 달라고 할 거야. 그땐 어떡할래? 엄마 돈이라도 훔칠래?"

내 말에 정수가 움찔했어요. 어쩌면 저 돈도 엄마 지갑에서 빼낸 것일지도 모른다는 생각이 들었어요. 정수의 얼굴이 괴로움 때문에 잔뜩 울상이 되었어요.

나는 다시 한 번 온몸의 힘을 모았어요. 그리고 소리쳤어요.

"야! 네가 얼마나 힘이 센지 모르겠지만, 내 친구를 괴롭히는 건 용서 못 해."

하마 얼굴이 일그러졌어요.

"그래? 어디 한 번 덤벼 봐! 네가 날 이길 것 같아?"

하마가 내게 달려들었어요. 나는 크게 소리를 질렀어요.

"도와 주세요! 도와 주세요!"

그때 호루라기 소리가 들렸어요.

"그만두지 못 해!"

경찰 아저씨였어요. 천만다행으로 경찰 아저씨가 가까운 곳에 있었던 거예요. 경찰 아저씨가

없었다면 어떻게 되었을까요? 난 길게 한숨을 내쉬었어요.

"지금 뭐하는 거냐? 보아 하니 중학생 같은데, 초등학생들이나 괴롭히고 다녀? 한심한 녀석!"

경찰 아저씨가 하마 머리에 꿀밤을 먹이며 말했어요.

"너, 어느 학교 누군지 이름을 대!"

경찰 아저씨 호통에 하마는 꿀 먹은 벙어리가 됐지요.

"한 번 더 못된 짓하다 걸리면 경찰서로 끌고 갈 거야!"

경찰 아저씨 호통이 계속됐어요.

휴우, 나는 가슴을 쓸어 내렸어요. 오늘은 간신히 위기를 피했지만, 당장 내일 일이 걱정이에요. 그래도 똑같은 일이 벌어지면 피하지 않을 거예요. 나 스스로를 지키는 힘은 바로 거절할 줄 아는 용기에서 나오거든요.

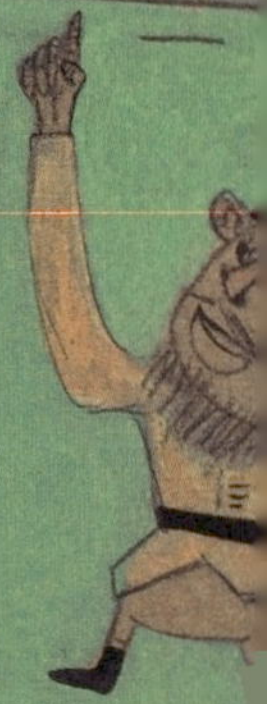

거절할 땐 용기가 필요해

상대의 요구를 받아들이지 않고 물리치는 게 '거절' 이에요. 그런 만큼 거절은 즐겁지 않은 행동이지요. 친구의 부탁을 거절할 때 미안해지고, 가까운 친구 사이가 멀어질까 걱정되기도 해요. 또 위의 경우처럼 나중에 더 큰 일을 당할까 봐 두렵기도 해요.

그렇다고 해서 쓸데없는 부탁이나 터무니없는 요구를 들어주어서는 안 돼요. 오히려 그 일 때문에 더 곤란한 일을 당할 수도 있거든요.

골리앗을 눕힌 다윗

아주 오랜 옛날, 이스라엘은 블레셋 군대와 전쟁을 하고 있었습니다. 블레셋 군대에는 골리앗이라는 거인이 있어서 이스라엘 군을 괴롭히고 있었지만, 아무도 나서지 못하고 두려워만 하고 있었지요. 그때 마침 아버지의 심부름으로 형들을 만나러 전쟁터로 온 다윗은 자기가 골리앗과 싸우겠다고 나섰어요. 어린 소년 다윗이 적으로 나오자 골리앗은 코웃음 쳤어요. 그러나 다윗은 차돌멩이를 던져 골리앗의 이마에 명중시켜 단번에 쓰러뜨렸습니다. 어린 다윗의 용기가 이스라엘을 구한 것입니다.

피아노 연주를 거절한 베토벤

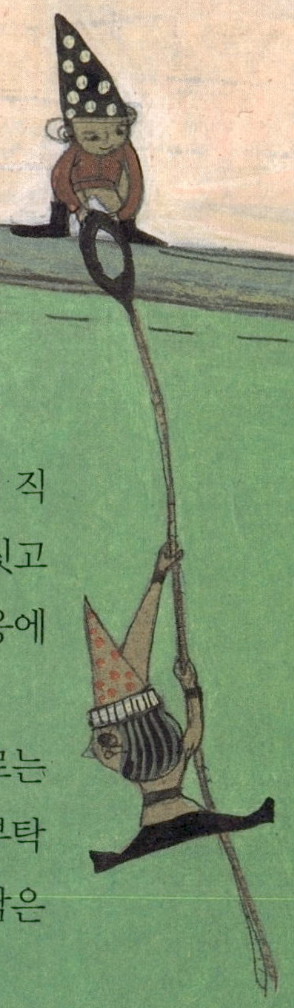

1804년, 베토벤은 나폴레옹이 황제가 되기 전, 프랑스 혁명 직후 혼란스러운 나라를 이끄는 것을 보고 감탄해 교향곡을 짓고 '보나파르트 교향곡' 이라는 제목을 붙였어요. 물론 나폴레옹에게 바치려고 지은 것이에요.

그러나 베토벤은 이후 나폴레옹이 스스로 황제 자리에 오르는 것을 보고 실망해 악보를 모두 찢어 버렸어요. 그 뒤 친구의 부탁으로 제목을 바꿔 '영웅 교향곡' 이라는 이름으로 우리 곁에 남은 거예요.

그뿐 아니에요. 베토벤은 연주를 해 달라는 나폴레옹과 그 부하들의 부탁을 거절했어요. 연주를 거절하면 체포하겠다는 협박에 시달렸지만, 실망을 안긴 나폴레옹 앞에서 연주하지 않겠다는 의지를 꺾지 않았답니다.

2. 그릇된 부탁 거절하기

커닝으로 쌓은 점수

"야, 김현석! 오늘 따라 왜 그렇게 축 처졌냐?"

승호가 장난스럽게 현석이의 어깨를 툭 쳤다. 그런데 돌아보는 현석이 표정이 울상이다.

"큰일이야. 오늘 시험이잖아. 공부 하나도 안 했는데……."

"아, 쪽지 시험? 뭐 그거 갖고 걱정이냐? 평소 실력대로 보면 되잖아?"

태평한 승호 말에도 현석이 표정은 밝아지지 않았다. 둘은 같은 영어 학원에 다니는데, 일주일에 서너 번 쪽지 시험을 치른다. 영어 선생님 별명은 '독사'. 못 하는 아이들은 매로 다스리고, 매번 시험지를 나눠 주어 엄마 사인을 받아 오라고 해서 붙여진 별명이다. 많이 틀린 애는 혼쭐이 난다. 그래서인지 독사 선생님을 싫어하는 애도 아주 많다. 그런데도 수강생들은 늘 가득 찬다. 바로 엄마들이 좋아해서다.

"넌 뭐가 걱정이냐? 매번 백 점 맞으면서. 나야말로 걱정이지. 시험지 갖고 가면 난 엄마한테 꿀밤 한 대씩 맞는걸. 휴우, 지겨워."

이렇게 툴툴거리는 사이 어느 새 교실에 도착했다. 둘이 나란히 앉는 것은 이번이 처음이다. 그때 문이 열리고 독사 선생님이 들어왔다.

독사는 들어오자마자 시험지를 나눠 주었다.

"자, 찍소리 말고 5분 안에 풀어라. 5개 이상 틀리면 매타작이다. 알지?"

독사가 입버릇처럼 늘 하는 말이다.

어제 공부를 해서 그런지 승호는 문제를 술술 풀었다. 그런데 마지막 문제를 풀 때쯤, 현석이가 자꾸 자기 시험지를 힐끔거리는 걸 눈치챘다. 승호는 미심쩍었지만, 친구를 의심하고 싶지는 않았다.

그렇지만 승호는 집으로 가는 길에 궁금해서 견딜 수 없었다.

"너, 아까 왜 내 시험지 봤어?"

"내가 언제?"

승호 말에 현석이가 펄쩍 뛰었다. 그러자 승호는 현석이가 더 의심스러웠다.

"쳇, 네가 자꾸 내 시험지를 봤잖아? 나도 다 봤다. 왜 그랬어?"

승호가 노려보며 다그쳐 물었다.

"그냥 궁금해서. 너랑 나랑 답이 같은가 보려고……."

승호는 어이가 없었다. 그렇지만 자꾸 친구를 의심해서 꼬치꼬치 캐묻는 것 같아 미안한 마음이 들었다. 그래서 자기가 괜한 의심을 한 거라고 생각했다.

그런데 현석이가 뜬금없이 이렇게 말하는 거였다.

"승호야. 너 아까 보니까 영어 잘하더라. 그래서 말인데, 영어 시험 볼 때마다 네 옆에 앉아도 되지?"

사실 승호는 처음에는 무슨 말인지 잘 알아듣지 못했다. 그러나 현석이 부탁이 뭔지 알고는 화가 나서 버럭 소리를 질렀다.

"그걸 말이라고 해! 너, 지금 나한테 커닝하게 도와 달라는 거야? 그럼 그 동안 맞은 백 점이 다 그런 거였어?"

"……."

현석이 얼굴이 새빨개졌다. 현석이는 얼굴을 들지 못하고 쩔쩔맸다. 범인이 자수한 거나 마찬가지 상황이 벌어졌다.

"왜 그랬어?"

"영어는 못 하지, 엄마는 무섭지, 어쩔 수가 없었어. 난 세상에서 엄마가 제일 무서워."

승호는 가슴이 답답했다. 착하고 공부 잘한다고 생각해 온 현석이. 그런데 그 모든 게 거짓이었던 거다. 좋은 점수를 따려고

자신의 양심마저 저버린 친구가 원망스러웠다.

"도대체 왜 그런 짓을 해? 그런 건 언젠가는 탄로 난다고. 현석아, 제발 그만둬. 난 지금도 네가 그런 짓을 했다는 게 믿어지지 않아. 차라리 몰랐으면 좋았을걸."

현석이는 얼굴이 발갛게 상기된 채 아무 말도 하지 않았다. 마치 내게 큰 죄를 지은 죄인이기라도 한 것처럼.

한참을 그러고 있던 현석이가 겨우 입을 열었다.

"승호야, 미안해. 친구의 믿음을 저버린 나를 용서해 줄 수 있겠니?"

승호는 여전히 찜찜한 기분이었지만, 진심으로 뉘우치는 현석이의 마음을 받아주기로 했다.

잘못된 요구엔 분명하게 "싫어!"

우리 친구들은 옳지 않은 일을 해 달라는 부탁을 받아 본 적이 있나요? 그럴 땐 정말 곤란할 거예요. 해 주자니 양심에 걸리고, 안 해 주자니 왠지 사이가 서먹해질 것 같아 망설여지지요. 하지만 아무리 친한 친구의 부탁이라도 잘못된 일이라면 단호히 거절해야 해요. 옳지 않은 부탁을 들어주는 것은 나에게도 친구에게도 도움이 안 돼요.

양심을 지킨 경찰 아저씨

한 교통 경찰 아저씨가 안전띠를 매지 않은 운전자를 단속했대요. 그런데 단속에 걸린 한 운전자가 돈을 주며 범칙금을 내지 않게 해 달라고 부탁했어요. 경찰 아저씨는 "돈을 주겠다."는 제안을 한 마디로 거절하고, 신분증을 보여 달라고 했어요. 그런데 이게 웬일이에요? 운 나쁘게도 교통 경찰 아저씨에게 딱 걸린 이 운전자는 나쁜 일을 저지르고 도망쳐서 2년 넘게 경찰에서 찾던 인물이었지 뭐예요. 양심을 지킨 경찰 아저씨 덕에 현상 수배범을 잡을 수 있게 됐어요.

인터넷에서도 딱 잘라 말해

인터넷을 통해 공부를 하거나 이야기를 나누는 친구들이 많지요? 인터넷은 잘만 이용하면 정말 즐거운 공간이랍니다. 하지만 인터넷에서도 잘못된 요구를 하는 사람들이 있어요. 그런 사람들은 게임 머니나 돈을 주겠다고 꾀지요. 그리고 맛있는 것을 사주겠다고 한 번 만나자고 하거나 무언가를 사라고 강요해요. 인터넷상이라도 이 같은 요구는 곧장 거절해야 해요. 어른이 물어보는 대로 전화 번호나 집 주소, 휴대 전화 번호 또는 주민 등록 번호 등을 함부로 알려 주면 안 돼요.

3. 공정하지 못한 결정 거절하기

주인공이 바뀐 연극

"나의 죽음을 적에게 알리지 마라, 윽!"

적의 화살을 맞고 쓰러지는 시늉을 하는 형기의 천연덕스러운 연기에 아이들의 웃음보가 터졌어요. 몇 명은 배를 잡고 웃어 대느라 정신이 없어요. 그런데 단 한 사람, 연출을 맡은 윤우만 이마를 찡그리고 형기를 바라보았어요.

"야, 김형기! 도대체 '윽'은 뭐야? 왜 네 멋대로 하는 거야?"

윤우는 얼굴까지 찡그려 가며 형기를 나무랍니다.

"좀 웃겨 보려고 그런 건데?"

형기가 볼멘소리로 투덜거렸어요.

"야, 지윤우. 화 풀어. 다들 힘들어서 그런 거잖아? 우리 간식이라도 먹으면서 좀 쉬자. 벌써 세 시간째 꼬박 연습했어!"

근태가 분위기를 바꾸며 말했어요.

때마침 선생님이 떡볶이와 만두 따위의 간식을 사 들고 오셨어요. 아이들은 반가운 마음에 함성을 질렀어요.

"그래, 연습은 잘 돼 가니?"

"네~!"

아이들은 입을 모아 대답하고는 간식에 몰려 들었어요.

"윤우야, 잠깐만!"

선생님이 연출자 윤우를 불렀어요. 다들 간식에 팔렸는데, 혼자 구석에서 대본을 들고 검토하고 있었지요. 간식은 눈에 들어오지도 않는 모양이에요.

"네가 보기엔 어때? 형기가 연기를 잘하니?"

"그럼요. 타고난 배우인 걸요. 긴장하지도 않고, 연기도 자연스러워요!"

"……."

"그런데, 왜요?"

윤우는 이상한 생각이 들어 선생님을 쳐다보았어요.

"이제 와서 미안한 말이지만, 주인공을 바꿀 수 없을까?"

"예엣?"

윤우는 소스라치게 놀랐어요.

"공연이 코앞으로 다가왔는데, 갑자기 배우를 바꾸라니요? 게다가 단역도 아닌 주인공을요? 왜요?"

윤우는 너무 놀라 따지듯 물었어요.

"그냥……. 그냥 좀 주인공을 바꿨으면 좋겠다!"

왜 그런지 선생님은 윤우의 눈길을 피했어요.

'뭔가 있다!'

윤우는 생각했어요. 갑자기 윤우의 가슴이 콩닥콩닥 뛰기 시작했어요.

"그럼, 도대체 누굴?"

윤우는 작은 소리로 물었어요.

"정우는 어떨까?"

선생님은 넌지시 정우의 이름을 댔어요.

"예엣? 정우요?"

윤우의 입에서 새된 비명소리가 나왔어요.

'오, 맙소사!'

윤우의 얼굴이 벌겋게 달아올랐어요.

엄마의 치맛바람이 거세다고 소문난 정우!

얌전하고 수줍음만 많아서 연극과는 어울리지도 않아 보이는 앤데!

수업 시간에 발표하는 것도 더듬거릴 지경인데!

윤우의 머리 속에 평소 정우의 행동과 모습이 스치듯 마구 지나갔어요.

"선생님, 이건 저 혼자 결정할 문제도 아니고요, 아이들한테 물어 봐야……. 이제 다음주면 공연인데……."

윤우는 땀을 뻘뻘 흘렸어요. 그리고 아

나의 죽음을 적들에게 알리지 말라!!
정우
더듬
더듬 더듬
더듬
더듬 ....
살고자 ...
하는 자
살것 ..
형기

무 것도 모른 채 너스레를 떨며 떡볶이를 집어먹고 있는 형기를 곁눈질했어요. 건장한 체구, 천연덕스런 말투와 당당함까지 갖춘 형기와 연약한 외모에 곧잘 얼굴이 새빨개지는 정우를 비교한다는 건 처음부터 무리였지요. 선생님한테 정우는 이번 연극의 주인공으로 어울리지 않다는 거절의 말을 어떻게 해야 하는 걸까요?

도대체 선생님이 주인공을 바꾸자는 제안을 한 까닭은 무엇일까요? 혹시 선생님께도 거절 못 할 사연이 있는 건 아닐까요?

공정하지 못한 일은 거절해요

윤우는 선생님의 요구가 잘못된 것이라는 것을 알면서도 해결책을 찾지 못해 고심하고 있어요.

물론 선생님의 요구나 부탁이라면 선뜻 거절하기가 어렵지요. 그렇지만 자신의 지위나 권위를 이용해 상대적으로 자신보다 약자의 위치에 있는 사람에게 올바르지 못한 요구를 하는 것은 큰 잘못이에요. 또한 약자의 위치에 있다고 해서 그 힘이나 권위에 눌려 잘못된 요구를 받아들이는 것 역시 비겁한 행동이랍니다.

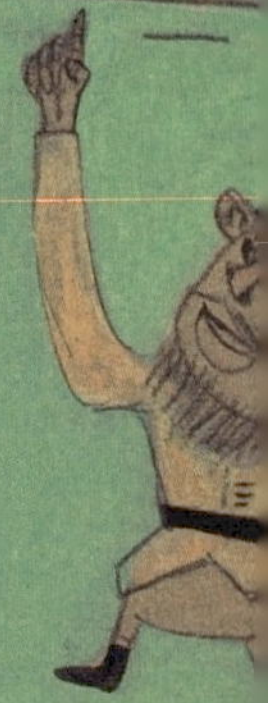

나는 고발한다

1898년 1월 13일, 프랑스의 작가 에밀 졸라는 〈르 피가로〉 신문에 '나는 고발한다.'라는 제목의 글을 싣습니다. 대통령에게 보내는 공개 편지였지요. 유대인이라는 이유로 죄도 없이 스파이로 몰려 감옥에 갇힌 장교 드레퓌스를 무죄 석방하라는 요구였어요. 에밀 졸라는 인기와 부를 누리는 작가로, 모른 체하고 살면 죽을 때까지 편히 살 수 있었지요. 그러나 작가의 양심을 걸고 공정하지 못한 일을 그냥 모른 척하지 않겠다는 것이었어요. 이 때문에 에밀 졸라는 감옥에 갇히고, 프랑스 땅을 떠나 사는 등 고초

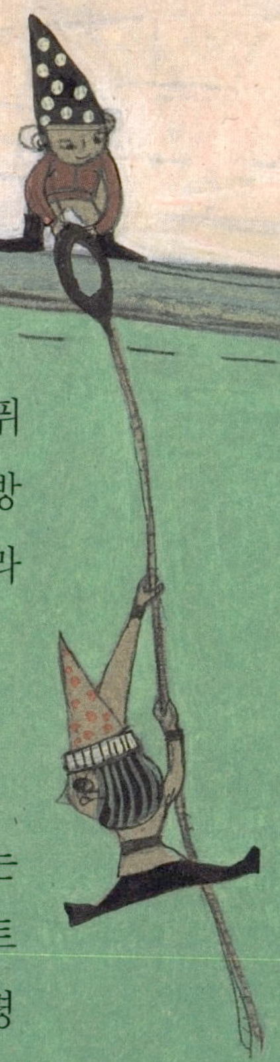

를 겪어야 했어요. 그러나 에밀 졸라의 양심 선언 덕분에 드레퓌스 사건은 다시 사람들 입에 오르내리게 되었고, 결국 무죄 석방된답니다. 안타까운 일은 이 같은 결과를 보지 못하고 에밀 졸라는 이국 땅에서 쓸쓸히 눈을 감았다는 것이지요.

'국민의 알 권리'를 지켜라

1971년, 미국의 신문 〈뉴욕타임스〉는 '대니얼 엘스버그'라는 사람이 건넨 국방성 비밀 문서를 공개했어요. 이 문서에는 베트남 전쟁의 잘못된 점이 낱낱이 씌어 있었어요. 당시 존슨 대통령은 "베트남 전쟁을 하는 것이 옳다."고 국민들에게 알렸지요. 따라서 백악관 측에서는 이를 못마땅하게 생각했어요. 그래서 신문사에 이 문서를 보도하지 말라고 부탁했어요.

그러나 〈뉴욕타임스〉는 이 사실을 국민들이 알아야 한다고 생각해서 보도했지요. 그 뒤 많은 국민들은 베트남 전쟁이 잘못된 것이라고 생각해, 그 전쟁을 그만두라고 요구했어요. 신문사 측이 나라의 힘에 굴복해 이 같은 일을 보도하지 않았다면 국민들은 진실을 모른 채 지냈을 거예요.

4. 양심에 꺼리기는 일 거절하기

은서의 일기

○○○○년 5월 4일

뭔가 이상했다. 오늘 아침, 인희와 함께 교실에 들어갔을 때였다. 그때까지 시끄럽던 아이들이 갑자기 조용해졌다. 짝꿍 영주는 매서운 눈초리로 나를 쏘아보았다. 순간, 가슴이 철렁 내려앉았다.

'도대체 무슨 일이지? 이 이상한 분위기는 또 뭐야?'

나는 자꾸 신경이 쓰였다. 아이들은 힐끔힐끔 나를 쳐다보고, 영주는 점심 시간에 아예 윤아 옆자리로 냉큼 옮겨 갔다. 그래서 나는 인희와 함께 밥을 먹었다. 그런데 자꾸 신경이 쓰여서인지 인희의 이야기가 하나도 귀에 들어오지 않았다. 영주는 눈이 마주쳐도 내 눈길을 자꾸 피했다.

변해도 너무 변했다. 얼마 전까지도 귀찮을 정도로 메일을 보내거나 선물을 보내던 영주였는데 말이다. 영주가 왜 그러는건지 도대체 이유를 모르겠다.

그러고 보니 달라진 건 영주만이 아니다. 곰곰 생각해 보니 민주도 하영이도 마찬가지다. 갑자기 아이들이 날 따돌리기 시작한 거다.

그 때문에 나는 온종일 가슴이 답답하고 쓸쓸했다. 쉬는 시간마다 인희가 내 곁으로 달려와 종알종알 수다를 떨었지만, 다른 것에 마음이 쓰여 건성으로 대답했다. 그래서 수업이 끝날 때쯤엔 인희도 토라졌다. 그렇지만 거기엔 신경도 쓸 수 없었다. 토라져서 쌩하니 달려가는 인희를 잡을 기운도 없었다.

수업이 끝난 뒤 집으로 갈 때였다. 누군가 자꾸 나를 따라오는 것 같았다. 처음에는 착각인 줄 알았다. 그런데 뒤를 돌아보자, 영주가 서 있었다.

"도대체 무슨 짓이야? 왜 슬며시 좇아와?"

나는 화가 나서 버럭 소리를 질렀다.

'학교에선 아는 척도 않더니만 날 따라오다니, 무슨 속셈이람?'

난 속으로 이렇게 생각했다.

"흥! 나, 너 따라온 거 아니야!"

OOOO년 5월 4일

영주도 빽 소리를 질렀다.

“네 집은 이쪽 길로 안 가잖아? 정반대면서!”

난 화가 나서 악을 썼다.

“흥. 내가 어딜 가든 무슨 상관이야? 그 잘난 인희는 어디 갔냐?”

영주가 지지 않고 큰소리로 비꼬았다.

“너야말로 무슨 상관이냐? 넌 나랑 말도 안 하잖아. 학교에서는 아는 척도 안 하더니 왜 내 뒤를 따라온 거야?”

내 말에 영주 얼굴이 발갛게 물들었다.

“그게 아냐. 그건…….”

영주는 무언가 말할 것 같더니 입을 꾸욱 다물어 버렸다. 도리어 내가 궁금

해졌다. 자꾸 다그치자 영주가 고래고래 악을 썼다.

"너, 인희랑 놀지 마. 말도 하지 말고, 같이 다니지도 말고, 밥도 먹지 마. 그러면 애들이 너랑 같이 안 놀 거야. 난 그런 거 싫단 말이야."

그 말에 나는 깜짝 놀랐다. 자기가 말하고도 놀랐는지 영주는 손으로 입을 막았다.

"그래서 오늘 그런 거야? 내가 인희랑 친해서?"

내 말에 영주가 천천히 고개를 끄덕였다.

"난 정말 인희가 싫어. 잘난 척하고, 자기가 무슨 공주인 것처럼 꾸미고 다니고. 정말 재수 없단 말이야. 애들 모두 그렇게 생각한다고."

나는 고개를 끄덕였다. 영주가 무슨 뜻으로 그러는 건지 알기

버스 BUS
마을 슈퍼

때문이다.

"난 네가 인희랑 친하게 지내지 않았으면 좋겠어. 인희랑 놀면 애들이 너까지 싫어한다고. 난 내 친구가 그런 일 당하는 거 싫단 말이야."

영주는 이렇게 말하며 울먹였다.

그래, 그래도 영주는 내가 걱정됐던 거다. 나는 어떻게 해야 할지 몰라 아무 말도 하지 못 했다.

정말 괴로웠다. 반 아이들이 인희를 싫어하는 건 나도 안다. 나도 인희랑 친해지기 전엔 '재수 없다' 고 생각했다. 공주병에, 잘난 척병에 걸렸다고 생각했다. 그런데 친해지고 보니 썩 괜찮은 친구였다. 그런데도 다른 아이들이 그런다고 나까지 인희를 따돌려야 하는 건지 모르겠다.

아아, 이럴 땐 정말 어떡해야 되나.

'왕따'는 정말 나쁜 짓이야

'남을 따돌리는 것(왕따)'은 정말 나쁜 일이에요. 그런 일을 당한 친구는 너무 괴롭고 힘들어요. 그런데도 많은 학생들이 '재미로' 또는 '남이 하니까' 같이 왕따를 시킨대요. 왕따를 당했던 학생이 또 다른 친구를 왕따 시키기도 하고, 왕따를 주도했던 학생이 도리어 왕따를 당하기도 해요. 왕따가 유행처럼 번지는 이유는 무엇일까요? 남을 이해하는 마음이 부족하거나, 내가 남보다 낫다고 생각하기 때문은 아닐까요? 남을 이해하고 배려하는 마음을 기르면 왕따가 사라지지 않을까요?

왕따 탈출 10계명

왕따를 시키기도 하고 왕따를 당하기도 하는 요즘. 왕따라는 말 자체가 사라져야 하겠지만, 그게 어렵다면 '왕따가 되지 않기 위한 지혜'가 필요하겠지요? 다음 10계명은 시민 단체인 '하이패밀리'가 내놓은 것이에요.

'왕따 탈출 10계명'

1. 왕따는 처음에 잡아라.
2. 진정한 친구를 만들어라.

3. 다양한 그룹 활동에 참여하라.
4. 나만의 장점을 개발하라.
5. 왕따의 원인을 깨달아라.
6. 친구들이 싫어할 만한 행동이나 말 등을 없애라.
7. 도와줄 사람을 구해라.
8. 왕따의 아픔을 이겨라.
9. 왕따를 통해서 배워라.
10. 나를 괴롭힌 사람을 진심으로 용서하라.

학생, 학부모, 교사가 모두 노력해요

왕따를 없애기 위해서는 학생, 학부모, 교사 모두의 노력이 필요해요. 학생은 자신의 상황을 부모나 교사에게 알리고, 자신이 왕따 당하는 이유를 알아서 고쳐야 해요. 또 학부모는 왕따를 주도하는 아이를 찾아 설득하고, 학생이 그 이유를 고치도록 도와주어야 하지요. 교사는 집단 활동, 동아리 활동, 토론 활동, 토의나 역할극, 집단 상담 등을 통해 왕따 문제를 해결하기 위해 적극적으로 나서야 합니다. 왕따 피해 학생이 다른 학생들과 자연스럽게 어울릴 수 있는 시간을 주고, 왕따가 왜 나쁜 것인지 알릴 수 있는 교육 프로그램을 마련하는 것도 좋지요.

5. 청탁 거절하기

쌍둥이 독후감

쓰기 시간이에요. 교탁에 원고지 뭉치를 내려놓는 선생님 표정이 무서웠어요. 선생님은 맨 위에 놓인 독후감 두 개를 들고 이름을 불렀어요.

“이해나, 손정인! 앞으로 나와 봐라.”

해나는 자기 이름이 불리자 깜짝 놀랐어요. 까닭을 알 수 없어 정인이를 쳐다보았지요. 그런데 웬일인지 정인이는 해나를 쳐다보지 않았어요.

선생님은 두 사람에게 원고지를 돌려 주고 읽어 보라고 하셨어요.

먼저 해나가 읽었어요.

“책 먹는 여우라니! 책을 읽기 전부터 너무나 궁금했다. 여우가 책을 먹다니, 어디가 잘못 된 건 아닐까?”

“자, 그만! 이젠 정인이가 읽어 봐라.”

선생님 말씀에 정인이가 얼굴이 빨개진 채 더듬거리며 읽었어요.

"책 먹는 여우라니! 책을 읽기 전부터 너무나 궁금했다. 여우가 책을 먹다니, 어디가 잘못 된 건 아닐까?"

이럴 수가! 두 원고가 똑같지 뭐예요. 반 아이들 모두 깜짝 놀랐어요. 그렇지만 그 누구보다도 놀란 사람은 해나였지요.

"뭐야? 너, 내 거를 베꼈어?"

화가 난 해나가 다짜고짜 정인이를 와락 밀쳤어요. 그 바람에 정인이는 중심을 잃고 비틀거렸지요. 그때 선생님이 해나를 말리며 말했어요.

"베껴 쓴 사람이나 보여 준 사람이나 똑같아. 둘 다 뒤에 가서 손 들고 서 있도록!"

두 사람은 수업 시간 내내 나란히 서서 벌을 받았어요.

해나 얼굴은 벌겋게 달아 올라 있었고, 정인이는 고개를 들지 못했어요.

수업이 끝나자 해나는 정인이를 교실 밖으로 불러 냈어요.

"너, 어쩌면 그럴 수가 있니? 내 걸 모조리 베꼈단 말이야? 정말 기가 막히다. 네가 그러고도 친구니?"

해나가 고래고래 소리쳤어요. 정인이는 귀밑까지 빨개져서는 고개도 들지 못했죠.

“미안해. 처음부터 그럴 생각은 아니었어.”

정인이가 기어 들어가는 목소리로 말했어요.

“이제 네 얘긴 하나도 못 믿겠어. 너 때문에 애들 앞에서 망

신당하고. 정말 분해. 아유, 이젠 꼴도 보기 싫어."

해나가 발을 쿵쿵 구르며 교실로 들어갔어요. 정인이는 그 뒷모습만 바라보고 있었어요.

그 날 저녁, 해나를 찾는 전화가 왔어요. 정인이었어요.

"해나야, 정말 미안해. 처음부터 네 걸 베낄 생각은 아니었어. 너도 잘 알잖아. 나, 독후감 같은 거 잘 못 쓰는 거. 처음부터 내가 부탁한 대로 내 독후감도 써 줬으면 좋았잖아!"

해나는 기가 막혀서 버럭 소리를 질렀어요.

"너, 그걸 말이라고 해. 다신 아는 체도 하지 마!"

그러면서 해나는 전화를 끊었어요.

얼마 뒤 다시 전화벨이 울렸어요. 또 정인이었어요.

"나, 너랑 더 이상 할 얘기 없어."

해나가 전화를 끊으려는데, 다급한 목소리가 들렸어요.

"해나야, 잠깐만. 너, 내 수첩 마음에 든다고 했지? 고양이가 그려진 수첩 말이야. 그 수첩 너 줄게."

빨간 고양이가 그려진 수첩은 정인이가 무척 아끼는 거였어요. 아빠가 외국에서 사다 준 선물이래요.

"그래? 갑자기 왜?"

해나가 심드렁하게 물었어요. 애지중지하던 물건을 주겠다니 이상하지 뭐예요?

"그냥. 너한테 주고 싶어서. 그리고 날 용서해 줄 수 없겠니?"

해나는 다시 화가 치밀었어요. 갑자기 선물을 주겠다고 한 건 다 이런 꿍꿍이가 있었던 거예요.

"싫어. 안 받아. 그거 받고 용서해 달라는 거야? 네가 정말 싫어.”

해나는 마구 쏘아 붙였지만, 마음 한 구석은 슬펐어요. 친한 친구인데 어쩌다 이렇게 되었을까, 정말 울고 싶었지요.

전화를 끊고 나서 해나는 밤새 생각에 생각을 거듭했어요.

‘어떻게 해야 하지? 정인이를 어떻게 해야 용서할 수 있을까?’

그러면서도 한편으로는 정인이 청탁을 거절한 것은 정말 잘했다는 생각이 들었지요.

내가 싫은 일은 거절해

누구나 한 번쯤 해나처럼 곤란한 일을 겪을 수 있어요. 그럴 땐 어떻게 해야 할지 몰라 망설이게 되죠. 그러나 내가 원하지 않는 일, 꺼림칙하게 생각되는 일은 똑똑하게 "싫다."고 말해야 해요. 처음에 거절하지 못하면 나중에 더 곤란해지지요. 또 처음에는 작은 일로 시작될지 모르지만, 그 사람은 점점 더 힘든 일을 부탁해 올 거예요. 마음이 편하지 않더라도 내가 하기 싫은 일, 못마땅한 일은 처음부터 거절하는 것이 현명한 행동이랍니다.

천만 달러와 회사를 바꾸지 않을래

컴퓨터 바이러스를 치료해 주는 '안철수 연구소'를 아나요? 처음 회사를 만든 안철수 이사장은 컴퓨터 바이러스 예방 백신 프로그램을 만든 전문가예요. 지금은 튼튼한 회사로 우뚝 섰지만, 처음에는 돈이 부족했지요. 그런데 미국의 큰 회사가 1000만 달러라는 큰돈을 주고 회사를 사겠다고 했어요. 힘든 상황이었지만 안 이사장은 그 제안을 거절했어요. 나중에 우리나라의 주요 컴퓨터를 다른 나라에서 바이러스로 침투해 공격하면, 그것을 막을 힘이 있어야 한다고 생각했기 때문이에요. 눈앞의 돈보다는

우리나라의 장래를 더 걱정한 거지요.

산업 스파이가 되어 줄래?

우리나라의 컴퓨터, 인터넷 관련 기술은 아주 뛰어나지요. 거기다가 자고 나면 새 기술이 나오는 터라 나라 사이, 회사 사이에 경쟁이 심해요.

어느 날, 컴퓨터 프로그래머 한 사람이 스파이로 일해 주면 큰 돈을 주겠다는 제의를 받았어요. 하지만 그 사람은 신기술이 다른 나라로 빼돌려질 것이 걱정되어 경찰에 알렸어요. 우리나라 신기술을 빼내려고 나쁜 일도 서슴지 않는 사람들도 있거든요. 오랜 시간 연구해 만들어 낸 신기술이 다른 나라로 간다면 우리나라 경쟁력은 그만큼 약해지는 거예요.

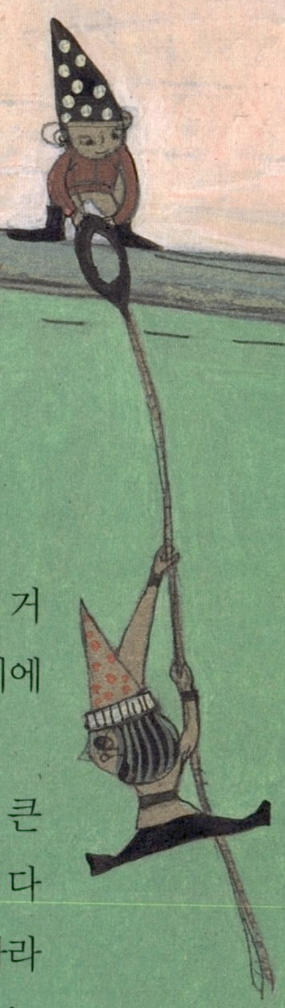

누명

체육 시간. 중우는 갑자기 배가 살살 아파 오기 시작했어요. 그러더니 식은땀이 비 오듯 쏟아지며 눈앞이 노래졌어요.

"선생님, 저, 급해요!"

중우는 배를 움켜쥔 채 종종걸음을 쳤어요. 등 뒤로 아이들 웃음소리가 들렸어요. 얼굴이 화끈거렸지만 볼일이 더 급했어요.

간신히 볼일을 마치고 나자 다리가 확 풀렸어요. 그래서 중우는 잠시 쉴 생각에 교실로 향했어요. 그때 교실 창 너머로 윤재의 모습이 보였어요.

그런데 윤재의 행동이 뭔가 수상했어요. 조심스럽게 주위를 살피더니 선영이 자리로 가잖아요. 그러더니 선영이 책가방에서 뭔가를 꺼내 재빨리 자기 호주머니에 넣었어요. 그것을 본 중우는 가슴이 마구 뛰었어요.

"야, 이중우. 뭐 하냐?"

주번인 호진이었어요. 깜짝 놀란 중우는 얼른 교실 안을 살폈지요. 그런데 언제 사라졌는지 윤재가 보이지 않았어요.

"깜짝 놀랐잖아! 왜 살금살금 돌아다녀?"

중우가 버럭 소리를 질렀어요. 그러자 이번에는 호진이가 황당해 했어요.

"너야말로 문 앞에 쭈그려 앉아서 뭐 하냐? 주전자나 같이 들어 줘라."

"넌 어딜 싸돌아다녀? 교실은 비워 두고!"

중우는 큰 소리로 호진이를 나무랐어요.

"물 뜨러 간 것도 죄냐?"

호진이가 툴툴거렸어요. 중우는 호진이에게 자기가 본 일을 알려야 할지 망설였어요. 괜히 반 친구를 의심하는 것 같아 찜찜했거든요.

어느 새 체육 시간이 끝났는지 아이들이 교실로 들어왔어요.

"아유, 냄새! 너 바지에다 실례했지?"

짝꿍인 경수가 중우를 놀려 댔어요. 그러자 아이들 몇몇이 그 말을 듣고 웃는 거예요. 중우는 놀리는 경수가 얄미워 등짝을 갈겼어요. 그러자 경수가 놀려 대며 잽싸게 도망치는 거예요. 아이들이 까르르 웃음을 터뜨렸어요. 약이 오른 중우는 도망치

는 경수를 냅다 쫓아갔어요.

바로 그때였어요.

"어머나, 어떡해!"

누군가 비명을 질렀어요. 중우는 발길을 멈추었어요. 왠지 가슴이 철렁 내려앉았지요. 선영이 목소리 같았거든요. 아니나 다를까, 비명의 주인공은 선영이었어요. 아이들이 모두 선영이를 쳐다보았지요.

"왜 그래? 무슨 일이야?"

"학원비가 없어졌어. 난 몰라. 어쩌면 좋아!"

선영이가 이렇게 말하면서 울음을 터뜨렸어요. 그 일로 교실 전체가 들썩이기 시작했어요. 몇몇 아이들은 선영이를 도와 가방이며 서랍, 사물함 안을 뒤졌어요. 그렇지만 끝내 돈은 나오지 않았어요. 아이들이 선영이 옆으로 모여들어 제각각 참견을 했지요. 그때 윤재가 말했어요.

"우리 주번한테 물어보자. 체육 시간에 교실에 있던 사람이 잖아?"

그 말에 아이들 모두가 호진이를 쳐다봤어요. 놀란 호진이는 안절부절 못 했어요. 호진이가 졸지에 범인으로 몰린 거예요.

중우는 뻔뻔한 윤재의 행동에 기가 막혔지요.

'나쁜 자식! 자기가 훔쳐 놓고 호진이한테 덮어씌우다니!'

중우는 속으로 이렇게 생각했어요.

"난 아무 것도 몰라. 선영이 책상 근처엔 가지도 않았다고."

놀란 호진이가 손사래를 쳤지만, 누구도 믿지 않는 눈치였어요.

그때 선생님이 들어오셨어요. 아이들에게 자초

지종을 들은 선생님이 물었어요.

"체육 시간에 교실에 있었던 사람이 누구지?"

"호진이요!"

그 대답에 호진이 얼굴이 금세 홍당무가 됐어요. 중우의 가슴은 콩닥콩닥 사정없이 뛰었지요.

"그럼 호진이하고 선영이는 선생님을 따라와라."

중우는 힐끗 윤재를 쳐다보았어요.

그러나 윤재는 낯빛 하나 변하지 않았어요.

'호진이가 아니야. 윤재가 범인인걸.'

중우는 마음이 무거웠어요. 그러나 친구가 억울하게 누명을 써서는 안 된다는 생각이 자꾸 들었어요.

중우는 용기를 내서 벌떡 일어나 소리쳤어요.

"선생님, 호진이가 아니에요. 제가 봤어요!"

반 아이들이 이번에는 모두 중우를 쳐다봤어요. 윤재가 매서운 눈빛으로 중우를 쏘아보았어요. 그러더니 손으로 목을 내리치는 시늉을 하는 거예요.

중우는 순간 움찔했지만, 용기를 내서 윤재 얼굴을 노려봤어요. 문득 매섭던 윤재 눈빛이 흔들리더니 중우의 눈을 피하는 거였어요.

내가 중우였다면?

위험을 무릅쓴 중우의 행동은 용기 있는 것이지만, 좀더 현명하게 처리할 수 있는 지혜도 필요해요. 내가 중우라면 어떻게 했을지 친구들과 이야기해 보세요.

반 친구들이나 도둑질한 당사자가 알지 못하도록 혼자 선생님에게 찾아가 알릴 수도 있을 거예요. 또는 혹시 주번이 자리에 없는 동안 다른 사람이 들어왔을 수도 있다고 말하며, 반 친구들 모두의 소지품을 검사해 보자고 할 수도 있겠지요?

과학자에게는 조국이 있다

'세균학의 아버지' 로 유명한 프랑스 세균학자 파스퇴르는 광견병, 탄저병, 패혈병 등의 예방 백신을 만든 위대한 과학자예요. 그래서 독일의 빌헬름 1세가 파스퇴르에게 상을 주겠다고 했지요. 그러나 파스퇴르는 이 같은 제의를 거절했어요. '과학에는 조국이 없어도 과학자에게는 조국이 있다.' 는 이유에서였지요. 독일의 빌헬름 1세는 예전 독일과 프랑스 사이에 전쟁이 벌어졌을 때, 프랑스를 굴복시켰던 인물이랍니다.

나치에 반대하는 활동을 펼치다

독일의 나치 세력이 정권을 잡고 전쟁을 일으키고 유대인을 죽일 때 일이에요. 독일 사람인 디트리히 본회퍼 목사는 나치 세력이 하는 일이 옳지 않다고 생각했어요. 그래서 나치의 잘못을 사람들에게 알리는 글을 쓰고 강연을 했지요. 나치 세력에게 눈엣가시였던 본회퍼 목사는 생명의 위협을 느꼈고, 한동안 미국으로 피신하기도 했어요.

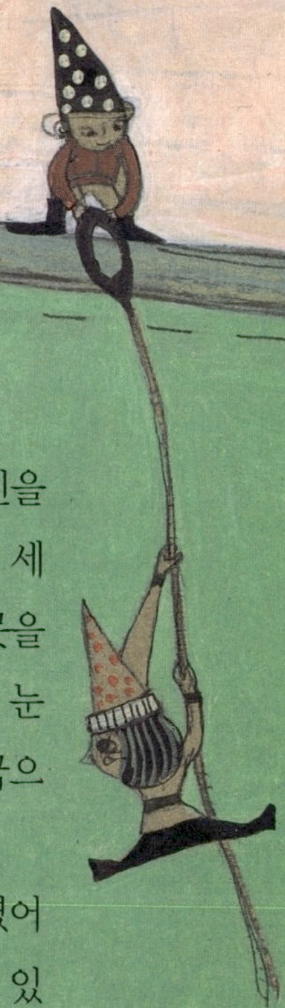

얼마 뒤, 독일로 돌아가려는 본회퍼 목사를 사람들이 말렸어요. 그러나 자신의 목숨을 구하기 위해 마냥 다른 나라에 숨어 있지 않겠다는 결심을 하고 다시 독일로 돌아갔지요. 그 곳에서 다시 나치에 반대하는 활동을 하고, 히틀러를 암살하려는 계획을 세우지요. 그러나 이 같은 계획은 비밀 경찰 조직인 게슈타포에 의해 발각되고 결국 본회퍼 목사는 잡혀서 목숨을 잃게 되지요.

7. 불필요한 선물 거절하기

햄버거와 피자의 차이

우리 반에 햄버거 가게 아저씨가 배달을 왔어요. 회장 후보로 나선 승주 엄마가 보낸 거래요. 그러고 보니 어제 승주가 했던 연설이 생각났어요.

"저를 우리 반 회장으로 뽑아 주시면, 모두에게 햄버거를 돌리겠습니다."

그 말에 아이들이 환호했었지요. 그렇지만 불쑥 햄버거가 배달되어 올 줄은 아무도 몰랐어요. 아직 회장으로 뽑힌 것도 아닌 데 말이에요.

"얘들아, 이거 우리 엄마가 특별히 보낸 거야. 잘 먹고 잘 찍어라. 응?"

승주가 거들먹거렸어요.

그러자 또 다른 회장 후보인 인서가 입을 삐죽거렸어요.

"칫, 그깟 햄버거 갖고. 난 피자를 돌릴 거야."

그 말에 아이들이 야단났어요.

"진짜?"

"그럼 내일은 피자 먹는 거야?"

형민이는 말없이 햄버거를 먹었어요. 그렇지만 기분이 썩 좋진 않았어요. 아이들이 회장으로 뽑히려고 음식을 돌리는 게 영 찜찜했거든요.

그러나 다른 아이들은 그렇지 않은가 봐요. 또 다른 회장 후보인 예지가 지나가자 이렇게 말하는 거예요.

"예지야, 넌 뭘 돌릴 거야?"

"승주는 햄버거, 인서는 피자를 쏜다는데?"

"넌 더 맛있는 거 사주라."

아이들 말에 예지 얼굴이 빨개졌어요. 예지가 아무 대답도 못 하자, 아이들은 대놓고 예지를 놀려 댔어요.

"예지야, 왜 대답을 못 해?"

"예지는 가난해서 음식을 못 돌린대."

"예지야, 넌 회장되기 어렵겠어!"

예지가 놀림을 당하자, 여자 아이들이 나섰어요.

"능력이 없으니까 뭘 돌리는 거지?"

"맞아. 예지는 그런 거 안 줘도 회장으로 뽑힐 거야."

"우리 반 회장으로는 예지가 딱이야!"

결국 일이 커졌어요. 여자애들과 남자애들 싸움으로 번진 거예요. 그때 선생님이 들어오셨어요.

"선생님, 애들이 예지한테 맛있는 것 사내라고 그랬어요."

"예지는 가난해서 먹을 것도 못 돌린다고 비웃었어요."

여자애들 몇몇이 선생님께 일렀어요.

"그게 도대체 무슨 소리야?"

선생님이 아이들에게 물었어요.

"승주가 오늘 햄버거를 돌렸어요. 그리고 인서는 내일 피자를 돌리겠대요. 회장으로 뽑아 달라는 거죠. 그러니까 남자애들이 예지한테도 맛있는 걸 사 내라고 하지 뭐예요?"

선영이가 씩씩대며 말했어요. 아직 분이 풀리지 않은 모양이에요.

"우리 반을 대표해서 봉사할 일꾼을 뽑는 게 회장 선거란다. 회장은 어떤 특별한 혜택을 얻는 게 아냐. 회장은 선생님을 도와 반의 일을 하고, 여러분을 돕는 사람이야. 그런 만큼 회장은 다른 사람들의 모범이 되어야 하는 거지."

그때 선영이가 다시 나섰어요.

"그럼 회장이 되려고 음식을 돌리는 게 바른 일인가요?"

그 말에 선생님이 배시시 웃었어요.

"바른 일은 아니지. 승주 어머니께서 아이들 먹으라고 간식을 보내신 건 고마운 일이란다. 그렇지만 회장 선거를 앞두고 햄버거를 보내셨으니, 아이들이 오해할 만도 하네. 맛있는 음식을 먹었다는 이유로 회장을 뽑으면 안 되는 거란다."

선생님 말씀을 들은 승주 얼굴이 빨개졌어요. 아까 아이들에게 거들먹거리던 기세는 어디로 갔는지 찾을 수도 없었지요.

"얘들아. 어른들도 대통령을 뽑기 위해 투표를 하지? 그때도 대통령이 선거 전 사람들에게 음식을 대접하면 부정 선거로 벌을 받는단다. 이것도 마찬가지야. 투표하기 전에 음식을 돌리거나 물건을 주면 안 되는 거야. 다들 알겠지?"

아이들은 모두 고개를 끄덕였어요.

"회장이 될 사람을 뽑는 것은 무척 중요한 일이야. 회장은 봉사 정신을 갖고, 다른 사람보다 성실하고 부지런해야 하고, 모범이 되어야 해. 그런 사람이야말로 정말 회장이 될 자격이 있는 사람이야."

아이들은 아무 말 없이 고개만 끄덕였어요. 예지를 놀렸던 남자애들은 부끄러운지 머리만 긁적였지요.

어린이 회장 선거를 뒤흔드는 피자와 햄버거

어린이 회장 선거에 선물이 오고 간다니, 정말 부끄러운 일이지요? 그런데 조사 결과, 초등학생 중 25퍼센트나 되는 아이들이 이 같은 경험이 있다고 대답했어요. 햄버거를 사준 친구는 떨어지고, 피자를 사준 친구는 당선되는 일도 있었다고 해요. 혹시 우리 학교에서나 우리 반에서도 그런 일이 벌어지고 있지는 않은가요?

어떤 친구가 정말 우리 학교를 위해서, 친구들을 위해서 좋은 일을 많이 할 수 있는가, 얼마나 믿음직스러운가, 얼마나 정직한가를 생각해 회장을 뽑아야 되겠지요?

받지도 먹지도 말아요

뭣 모르고 햄버거를 먹은 아이들은 정말 당황했겠지요? 회장을 뽑는 일은 우리 반을 위해 봉사할 일꾼을 뽑는 거예요. 회장은 대단한 힘을 가진 자리가 아니에요. 그런데도 회장이 되겠다고 먹을 것이나 선물을 돌리는 일이 있다니, 정말 부끄러운 일이에요. 선거 전에는 후보들에게서 간식을 얻어먹지도 말고, 선물을 받지도 말아야 해요. 깨끗하고 바른 선거는 우리 손으로 만드는

것이거든요.

간식 주는 게 어때서?

아이들 먹으라고 간식을 주는 게 뭐 어떠냐고요?

네, 맞아요. 친구들끼리 서로를 생각하는 마음에서 간식을 돌리는 게 나쁜 일은 아니지요. 그런데 승주는 아이들에게 대가를 바라고 간식을 돌렸다는 게 문제예요. 자기를 회장으로 뽑아 달라고 준 거잖아요. 승주는 아이들이 자기를 뽑길 바랄 테고, 승주를 뽑고 싶은 마음이 없던 아이도 왠지 마음이 무거울 거예요. 따라서 선거 전에는 아무 것도 주지도, 받지도 말아야 해요.

8. 갈등을 이겨내고 거절하기

슬기의 반항

"도대체 이유가 뭐니? 왜 안 하겠다는 거야?"

엄마의 목소리가 높아집니다. 화가 났다는 뜻이지요. 엄마의 성격을 꿰뚫고 있는 슬기는 얼른 자리를 피하고 싶었어요. 엄마는 황소처럼 고집이 세거든요. 그러나 슬기도 이번 일만은 엄마 뜻을 따르고 싶지 않습니다. 슬기가 엉거주춤 일어나려는 기색을 보이자, 엄마가 '빽' 소리를 지릅니다.

"엄마 말도 안 끝났는데 어딜 도망가려고? 제대로 앉아!"

슬기는 어쩔 수 없이 다시 자리에 앉았어요. 마침 그때 아빠가 회사에서 막 퇴근해서 현관문을 열고 들어섰어요. 슬기는 때마침 집에 온 아빠가 고마웠어요.

"대체 무슨 일이오? 밖에까지 고함소리가 다 들리고. 싸우기라도 했소?"

아빠가 눈을 동그랗게 뜨고 엄마에게 물었어요.

"아니, 별일 아니에요. 그런데 당신은 왜 이렇게 일찍 오셨어요, 오늘 따라?"

엄마는 토라진 얼굴로 일찍 온 아빠를 타박했어요.

"전 아빠가 일찍 오셔서 정말 좋은 걸요. 아빠, 외식하러 가요, 네에?"

슬기는 엄마와의 다툼을 피하려고 아빠를 졸랐어요. 슬기의 속셈을 눈치 챈 엄마는 얄밉다는 표정이었어요.

그러나 엄마와의 2차전은 금세 시작됐어요. 아빠가 안방으로 들어가자, 엄마가 다시 이야기를 꺼냈어요.

"네가 나가기만 하면, 나머지는 엄마가 다 알아서 할게. 엄마가 이렇게까지 말하는데도 나가지 않겠다는 이유가 뭐야?"

"……."

"내 친구 자식들은 하나같이 다 회장이야. 엄마 체면 좀 세워줘라, 응?"

슬기는 엄마의 말에 발끈했어요.

"엄마는 항상 '엄마 맘대로'죠. 제가 뭘 하고 싶은지는 상관없죠? 그 동안 엄마가 원하는 대로 다 했잖아요. 태권도, 중국어, 수영, 테니스, 바이올린! 흥, 다 엄마가 하라는 거지. 난 바둑이나 서예를 배우고 싶다고요. 회장 같은 거, 전혀 하고 싶지 않아. 난 애들 앞에 나서는 일은 정말 싫다고요. 그렇게 하고 싶으면 엄마가 하면 되잖아. 쳇, 그까짓 회장!"

엄마는 너무 놀라 벌린 입을 다물지 못했어요. 그 동안 슬기는 큰 소리 한 번 내지 않은 착한 딸이었기 때문입니다. 엄마는 금세 울 것 같은 표정이었어요.

"네가 어떻게 나한테 이럴 수가 있니? 엄마는 다 네가 잘 되라고 시킨 거야. 회장 선거에 나가라는 것도 그래. 네가 남 앞에 서서 일해 봐야 나중에 커서 큰일을 하는 거야."

슬기도 엄마 마음을 모르는 것은 아닙니다. 사실 엄마에게 대든 슬기의 마음도 아팠어요.

"정말 죄송해요, 엄마. 하지만 난 정말 하고 싶지 않아요."

"흥! 어쩌겠니? 네가 그렇게 싫다는데."

웬일일까요? 오늘 따라 엄마가 이렇게 쉽게 손을 들다니요? 정말 엄마답지 않았어요. 슬기는 슬며시 엄마 눈치를 살폈어요. 엄마는 다른 생각에 빠져 있는 것처럼 보였어요. 그래서 슬그머니 제 방에 들어가려고 엉거주춤 일어나려는데 엄마가 다시 붙잡았어요.

"네 생각은 이제 알겠어. 엄마가 그 동안 네 뜻과는 상관없이 멋대로 강요해서 정말 미안하구나. 엄마가 사과할게."

"엄마, 저도 죄송해요. 제가 잘못했어요."

슬기도 엄마에게 진심으로 빌었습니다.

"그런데 있잖니, 슬기야! 회장은 지금 아니면 못 해. 이런 기회가 또 올 것 같니? 엄마가 더 강요하진 않을게. 그 대신 엄마가 부탁할게. 한 번 만 더 생각해 주라."

그럼 그렇죠. 이래야 슬기 엄마다운 거라고요. 슬기는 엄마 부탁을 거절할 수도, 받아들일 수도 없어서 정말 괴롭습니다.

엄마의 마음을 모르지 않는데, 회장 선거에 나갈 마음은 전혀 없고. 엄마의 착한 딸이었는데, 엄마의 부탁을 딱 잘라 거절하려니까 너무 고민됩니다.

갈등을 이겨내고 거절하는 방법!

누가 좀 가르쳐 줄 수 없나요?

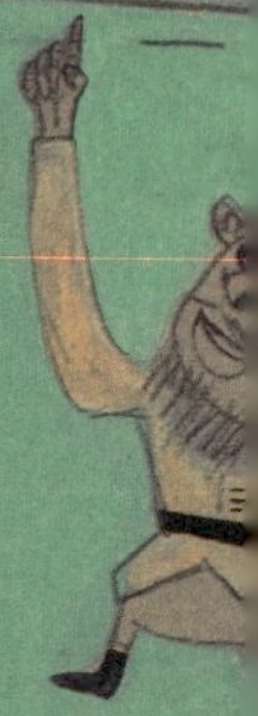

거절에는 갈등이 따라 온다

누군가의 요구를 거절했을 때, 그 사람과 충돌을 빚기도 해요. 그렇다고 해서 내가 하고 싶지 않은 일을 억지로 하는 것은 잘못된 일이에요.

내가 싫은데도 억지로 하면, 나 자신도 괴롭지만 일의 결과 역시 좋지 않게 나타나기 마련이지요. 내가 하고 싶은 것, 내가 잘할 수 있는 것을 해야 가장 좋은 결과를 얻을 수 있어요.

관직을 얻을 기회를 물리친 이순신

충무공 이순신은 굳은 성품 탓에 오해를 받는 일도 많았어요. 그 때문에 관직에서 쫓겨 난 일도 많았지요. 이순신이 처음 관직에서 쫓겨 난 다음해의 일이에요. 활터로 나가 활을 쏘던 중 당시 병조 판서인 류전을 만나게 되었어요. 류전은 이순신이 갖고 있던 화살통이 탐이 나 화살통을 주면 벼슬자리를 얻게 해 주겠다고 말했지요. 화살통 하나를 바쳐 관직을 얻을 수 있는 기회였지만, 이순신은 이를 한 마디로 거절했어요. 또 다시 관직에서 쫓겨났을 때는 당시 이조 판서로 있던 율곡 이이가 이순신을 좋게 여겨 한 번 만나자고 청했지만 이를 거절했어요. 다른 사람에게 부

탁해 관직을 얻을 수 있지만, 이는 떳떳하지 않은 일이라고 생각한 거예요.

반대를 물리치고 뜻을 이루다

세종대왕은 백성들이 쉽게 쓸 수 있는 우리글이 없다는 걸 안타깝게 생각했어요. 그때는 중국 글자인 '한자'를 빌려 쓰고 있었거든요. 그래서 집현전 학자들에게 우리글을 만들라고 하지요. 그런데 당시 벼슬을 하던 사람들은 이것을 못마땅하게 생각했어요. 중국을 큰 나라로 섬기고, 당시 조선을 '작은 중국'이라고 여겼거든요. 그래서 위대한 한자를 버리고 새 글자를 만드는 걸 심하게 반대했어요. 그러나 세종대왕은 벼슬아치들의 심한 반대에도 불구하고 자신의 뜻을 굽히지 않았어요. 그 덕분에 세계에 빛나는 멋진 '한글'이 탄생한 거지요.

9. 잘못된 일 거절하기

수박밭에서 생긴 일

"미역 감으러 가자."

수빈이 말에 경우와 현진이가 얼른 반깁니다. 그렇지 않아도 지루하던 참이거든요. 머리에 밀짚모자를 쓰고 시골길을 가는 품이 영락없는 시골 아이들입니다.

"현진아, 너 이젠 촌놈 다 됐다!"

경우가 놀렸습니다.

"어쭈? 넌 '아당' 이야, 아당!"

현진이 말에 수빈이가 고개를 갸우뚱합니다.

"아당이 뭐야?"

"헤헤, 그것도 모르냐? 아프리카 당나귀. 넌 완전히 검둥이라니까!"

현진이 말에 다들 배를 잡고 웃었어요. 놀림당한 경우도 그럴듯한 별명이라고 생각했나 봐요.

"그러고 보니 우리 셋 다 진짜 촌사람 같다, 그치?"

수빈이 말에 셋은 서로를 쳐다보며 고개를 끄덕였어요.

여름 방학을 맞아 삼총사가 수빈이네 시골 할아버지 댁에 놀러 온 지도 벌써 한 주가 다 되어 가네요. 농사를 짓는 수빈이 할머니 할아버지는 동틀 무렵 논에 나가서 해거름이 되어서야 집에 돌아오셔요.

그 긴긴 시간 동안 삼총사는 신나게 놀고, 늘어지게 낮잠 자고, 저녁 무렵엔 모닥불에 감자와 고구마를 구워 먹으며 놀았어요. 정말 꿈 같은 시간이었지요. 학교에서 학원을 오가는 틀에 박힌 도시 생활하고는 정말 달랐어요.

물론 삼총사도 처음엔 투덜거렸어요. 컴퓨터도 없고 아이스크림도 없는 시골 마을이라니, 정말 지루하다고 생각했어요. 그러나 날이 갈수록 학원도 엄마의 잔소리도 없는 이곳이 천국처럼 느껴진 거예요.

"나는 아예 시골에서 살까 봐."

경우가 물장구를 치며 말했어요.

"어라? 컴퓨터 없다고 집에 가겠다고 했잖아?"

그 말에 민망했는지 경우는 수빈이에게 물을 튀겼어요. 이런 도전을 그냥 두고 볼 수빈이가 아니죠. 수빈이는 양팔로 물을 튀기며 경우에게 다가갔어요. 보고 있던 현진이도 물을 첨벙거리며 두 사람에게 장난을 걸었어요. 삼총사 얼굴에 함박웃음꽃이 피었어요.

삼총사는 물에서 나와 젖은 옷을 짜느라 야단입니다. 그때 경우 배에서 '꼬르륵' 소리가 크게 들렸어요.

"아이, 배고파."

"난 목도 말라. 뭐 시원한 것 좀 먹었으면……."

그러고 보니 노느라 점심도 걸렀네요.

아직도 해는 머리 위에 걸려 있었어요. 태양은 이글이글 불타

는 것 같았지요. 물에서 나온 지 얼마 되지 않았는데도, 불볕더위에 입이 말라 붙는 것 같았어요.

집으로 돌아오는 길에 세 사람은 수박밭을 발견했어요.

“이야, 저 수박 좀 봐. 정말 먹음직스럽다!”

경우가 입맛까지 쩝쩝 다시며 말했어요.

“저 원두막에서 수박 하나 잘라 먹으면 정말 좋겠다!”

수빈이가 말했어요.

“우리 수박 하나만 먹으면 안 될까?”

경우가 눈을 빛내며 말했어요.

“그래그래, 수박 서리는 죄도 아니라잖아?”

현진이가 맞장구를 쳤어요. 때마침 수박밭을 지키는 사람이 없었어요. 수빈이만 좋다고 하면 당장이라도 수박밭에 뛰어들

기세였지요.

“애들한테 돌아가서 수박 서리한 이야기 해 줘야지.”

“그럼 그럼. 서울 촌놈들한테 우리 모험을 들려 줘야지.”

경우와 현진이는 주거니 받거니 죽이 척척 맞아요.

“야, 넌 왜 아무 말도 없어? 같이할 거야, 말 거야?”

경우가 수빈이에게 냅다 소리를 질렀어요.

“아니, 난 싫어. 수박 하나 몰래 가져다 먹는다고 어떻게 되지는 않겠지. 하지만 그것도 도둑질은 도둑질이잖아? 전에 할아버지가 그런 말씀을 하셨어. 수박 서리는 농부의 일 년 농사를 망치는 못된 짓이라고 하셨어. 난 할아버지 욕 먹이는 창피한 손자가 되기 싫어.”

수빈이 말에 두 아이 얼굴이 수박 속보다 더 붉어졌어요.

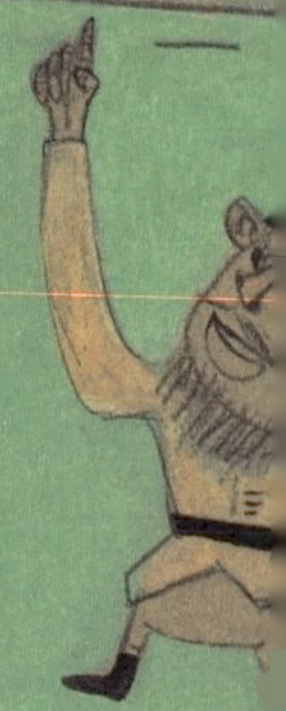

도둑질도 같이할래

함께 수박 서리 하자고 꾀는 아이들의 모습이 낯익지요? 남들이 모두 "예."라고 대답할 때, 나 혼자 "아니."라고 말하는 건 참 어려운 일이에요. 특히 나쁜 짓은 함께 모여 하는 경우가 많지요. 그래서 형과 아우, 언니와 여동생, 고교 동창생, 심지어 온 가족이 모여 범죄를 꾀하거나 잘못된 일을 벌이기도 해요.

그러나 잘못된 일에는 참여하지 않는 것, 그것이 '나를 사랑하는 법' 이에요. 그리고 잘못된 일을 하려는 친구를 말리는 것, 그것이 그 친구에 대한 '올바른 사랑법' 이랍니다.

나는 겁쟁이가 아니야

몇 년 전, 이스라엘 군은 검문소에서 자살 폭탄 조끼를 입은 16세 팔레스타인 소년을 붙잡았어요. 그런데 소년이 폭탄 테러를 결심한 이유가 '친구들이 비겁하다고 놀려서, 겁쟁이가 아니라는 것을 보여 주기 위해서' 였다고 해요. 정말 말도 안 되는 이유지요? 만약 이 소년의 폭탄 테러가 성공했다면 아마도 팔레스타인에서 영웅 대접을 받았을 거예요. 그러나 목숨을 걸기엔 너무 어린 소년들까지도 나라의 자존심과 전쟁을 위해 죽음을 무릅써

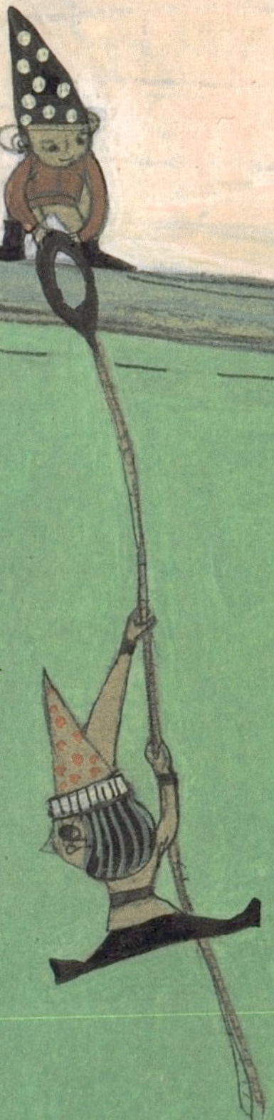

야 하는 걸까요?

손잡고 나라를 팔아먹은 다섯 대신

조선 말기, 일본이 조선을 통째로 집어삼키려고 할 때예요. 당시 일본의 식민지 조선 통치자였던 이토 히로부미는 궁궐 안 회의장에 모여 있던 조선 대신들에게 눈을 부라렸어요. 일본이 조선 땅의 주인이라는 거나 다름없는 내용이 씌어 있는 '조약'에 찬성하라는 거였어요. 이에 참정 대신 한규설은 끝까지 반대했지만, 이완용, 박제순, 권중현, 이지용, 이근택 다섯 대신이 찬성했어요. 다섯이 손 맞잡고 나라를 통째로 일본에게 팔아먹은 것이지요. 이 조약을 '을사늑약'이라고 하고, 이들을 조선을 팔아먹은 매국노라고 하여 '을사오적'이라고 불러요.

10. 굳은 믿음에 따른 거절하기

서희 장군의 거절

"폐하, 큰일 났습니다. 요나라가 봉산군을 점령했다고 하옵니다."

한 신하가 들어와 급보를 전했어요.

고려 성종 12년, 거란이 세운 요나라가 보주(지금의 의주)로 쳐들어왔어요. 거란의 대장인 소손녕은 80만 대군을 끌고 와 보주를 점령한 뒤, "고려가 항복하지 않으면 통째로 집어삼키겠다."고 위협했어요.

이에 고려 조정은 발칵 뒤집혔어요.

"그래, 어떡하면 좋겠소?"

성종이 신하들에게 물었어요. 그러나 신하들은 뾰족한 수가 떠오르지 않아 서로 얼굴만 쳐다보았지요.

그때 한 신하가 말했어요.

"지금 우리는 요나라의 80만 대군을 막을 방법이 없사옵니다. 따라서 소손녕의 요구대로 땅을 내주고, 나중에 되찾는 수밖에 없다고 생각하옵니다."

그 말에 성종은 한숨을 내쉬었어요.

"그 방법밖에는 없는가? 다른 묘안이 없단 말이오?"

"다른 도리가 없사옵니다."

"작은 희생으로 나라를 지킬 수 있사옵니다."

"북쪽 땅을 내주고, 나라의 힘을 길러서 나중에 다시 되찾는 것밖에는 없사옵니다."

신하들이 앞다투어 같은 의견을 내놓았어요.

이에 성종은 마지못해 고개를 끄덕였어요.

"북쪽의 땅을 요나라에게 넘겨 주시오. 그리고 요나라가 더 이상 우리 땅을 넘보지 못하게 잘 달래도록 하시오."

이렇게 명령을 내리는 성종의 마음은 아팠어요.

그런데 그때 한 신하가 나섰어요. 바로 서희 장군이었지요.

"폐하, 먼저 싸워 보아야 합니다. 북쪽의 땅을 내준다고 소손녕이 만족하고 돌아갈까요? 땅을 더 달라고 하면 주실 생각이십니까?"

서희 장군의 목소리는 서릿발 같았어요.

"그래, 서희 장군. 그대는 무슨 묘안이라도 있소?"

성종이 물었어요.

"제가 앞장서서 거란을 물리치겠사옵니다. 만약 제가 진다면, 그때 다시 논의하시옵소서."

그 말에 성종은 크게 기뻐했어요.

"나가서 거란과 싸우라. 그리고 꼭 이기고 돌아오라."

서희 장군을 앞세운 고려군은 봉산에서 거란군과 맞붙었어요. 거란은 이미 봉산성을 점령하고 있었어요. 그러나 무섭게 달려드는 고려군의 기세에 눌린 거란군은 더 이상 버틸 힘이 없었지요. 이에 소손녕은 고려 조정에 협상을 제안했어요.

이 때, 서희 장군이 다시 협상 대표로 나섰어요.

"요나라는 형님 나라다. 고려는 아우 나라이니, 나에게 절을 하도록 하라."

소손녕이 거만하게 말했어요.

"나는 고려의 신하다. 따라서 성종 폐하에게 만 고개를 숙인다."

서희 장군이 대답했어요.

소손녕은 서희의 당당함과 기세에 눌려 더 이상 강요하지 못했어요.

"요나라는 고구려의 뒤를 이은 나라다. 그런데 어찌하여 고려가 그 땅을 차지하고 있는가? 당장 우리에게 땅을 바쳐라. 그러면 전쟁을 끝낼 수도 있다."

소손녕의 말에 서희 장군은 고개를 가로저으며 단호하게 말했어요.

"어찌 그리 말이 안 되는 소리를 하는가?"

서희 장군은 큰 소리로 꾸짖었어요.

"고려야말로 고구려를 이은 나라다. 따라서 지금 거란의 땅도 모두 고려 땅이다. 거란이야말로 우리에게 그 땅을 모두 바쳐야 하느니라."

서희 장군의 호통에 소손녕의 얼굴이 파랗게 질렸어요.

"거란 옆의 여진 땅도 모두 우리 땅이다. 그러므로 거란이 여진을 내쫓고, 그 땅을 갖는 것은 어떻겠느냐? 그러면 거란과 고려가 평화롭게 지낼 수 있지 않겠는가?"

서희의 당당함과 이치에 맞는 말에 소손녕은 기가 질렸어요. 결국 더 이상 고려를 칠 마땅한 이유가 없다는 걸 깨닫고 군사를 되돌렸지요. 서희 장군은 큰 싸움 없이도 큰 승리를 거둘 수 있었어요.

옳다고 생각하면 떳떳하게

남과 다른 주장을 펼치거나 다른 행동을 하는 것은 쉽지 않은 일이에요. 자칫 비난을 듣거나 조롱을 당하기 쉽지요. 그러나 내가 옳다고 믿는다면 떳떳하게 자신의 주장을 펼쳐야 해요. 바로 서희 장군처럼 말이에요.

서희 장군은 외적의 침입에 굴복하면 언제까지나 그 나라의 종 신세를 면하지 못한다는 것을 알고 있었어요. 그러나 거란의 대군을 맨몸으로 상대할 수는 없었지요. 서희는 거란이 제풀에 지치도록 식량 보급을 끊음으로써 거란을 궁지에 몰아넣고, 거란이 고려와의 협상에 나서도록 하는 지혜를 발휘했어요. 또 협상에 나서서도 용기를 잃지 않고 당당하게 맞섰지요.

벼슬을 마다하고 쓴소리를 하다

왜군이 쳐들어오자, 그에 대한 준비가 없었던 조선은 왜군에게 거듭 당하기만 했어요. 이에 곽재우는 자신의 재산을 털어 사람들을 모으고, 군대를 만들어 싸웠어요. 곽재우가 앞장선 군대는 승리를 거듭했어요. 그 뒤 나라에서 큰 벼슬을 내렸으나 이를 거절하고 고향 마을로 돌아가서 살았어요. "자신의 뜻을 펼치지

못하는 정치는 하고 싶지 않다."는 게 거절 이유였지요. 그때 조선의 관리들은 눈앞의 이익에만 눈이 멀어 백성들을 거들떠보지 않았어요. 또 죄 없는 사람들을 모함하여 옥에 가두거나 죽였거든요. 곽재우는 임금에게 쓴소리를 서슴지 않고 해서 미움을 받기도 했어요. 그 때문에 세 번이나 옥에 갇히고, 귀양살이를 하기도 했어요. 물론 그렇다고 해서 자신의 뜻을 꺾지는 않았어요.

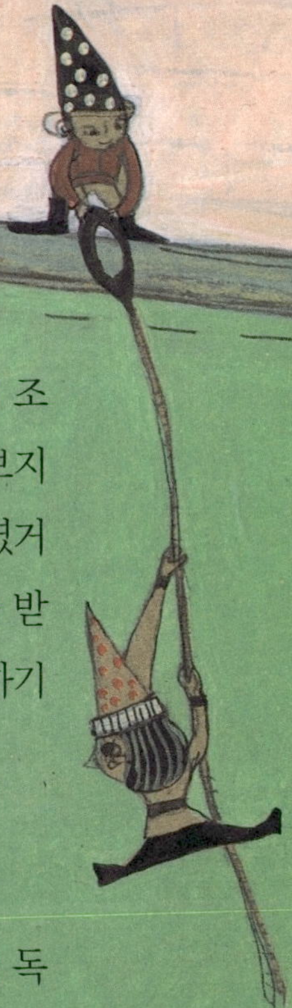

변호사의 길을 마다한 간디

세계의 위인 가운데 한 사람으로 손꼽히는 간디는 인도의 독립을 위해 평생을 바친 인물이지요. 간디는 남아프리카공화국에서 고통 받는 인도인을 목격한 뒤 영국에 맞섰지요. 그렇기에 영국 사람들에게 미움을 받고, 수차례 감옥에 갇혔어요. 그러나 자신의 뜻을 꺾지는 않았어요. 또 하나 간디가 위대한 이유가 있어요. 간디는 영국 유학을 마치고 변호사가 된 사람인데, 편하게 잘 살 수 있는 길을 마다하고 어렵고 괴로운 길을 걸었다는 점이에요. 인도 사람들을 위한 싸움에 나서지 않았다면 한평생 호위호식하며 잘 살 수 있었지요. 그러나 간디는 다른 인도 사람들은 헐벗고 굶주리고 고통당하는데, 자기 혼자 잘 살 수 없다며 평생 인도 독립을 위해 싸웠답니다.

11. 조국의 자존을 지킨 거절하기

나는 신라인으로 죽겠다

신라 눌지왕 때 일이에요. 궁궐 안에서 흥겨운 연회가 열리고 있었어요. 술잔이 돌고 음악이 연주됐지요. 음악 소리가 잦아들자 눌지왕이 입을 열었어요.

"정말 즐거운 날이구나. 이런 흥겨운 연회에 동생들도 함께 했다면 얼마나 좋을고!"

고구려와 왜에 볼모로 가 있는 두 동생 복희와 미사흔을 말하는 거였지요. 침통한 왕의 표정에 신하들은 모두 머리를 조아렸어요.

"머나먼 남의 나라에서 얼마나 외롭고 서러울고. 내가 두 아우를 한시도 잊지 못하는 것처럼, 두 아우도 이곳을 단 하루도 잊을 날 없으리."

왕은 술잔을 쭈욱 들이켰어요.

"우리가 대국이라면 전쟁이라도 일으켜 두 아우를 구출해 오련만. 나를 위해 두 아우를 구해 올 장부가 정녕 없단 말이오?"

왕은 슬픈 눈길로 신하들을 훑어보았어요. 그때 한 신하가 나섰어요.

"섣부른 인물을 보냈다가는 두 나라와의 관계만 해칠 것이옵니다. 따라서 용기와 지혜를 두루 갖춘 인물이 필요할 것으로 보입니다."

"정녕 그대 말이 맞소. 그래, 생각해 둔 인물이 있단 말이오?"

"삽량주의 간으로 있는 박제상이라는 인물이 그 같은 능력을 갖추었다 하옵니다. 친히 부르셔서 그 용기를 시험해 보소서."

며칠 뒤, 박제상을 만난 눌지왕은 용맹함과 굳은 정신력, 충성심에 탄복했어요. 두 아우 복호와 미사흔을 꼭 구해 오라는 명령을 내리면서 박제상의 손을 맞잡았어요.

고구려로 떠난 박제상은 장수왕을 만났어요.

"고구려와 신라가 적이옵니까? 한 뿌리에서 내려온 형제일진데, 어찌 형제 대접을 이렇게 한단 말입니까? 지척에 고향을 두고도 가지 못하고, 핏줄과 떨어져 가슴이 찢어지는 형제

신라
고구려

의 마음을 어찌 헤아리지 못하신단 말입니까?"

장수왕은 고구려라는 대국의 왕을 마주하고도 조금도 흔들리지 않는 박제상의 용기에 감탄했어요.

"듣고 보니, 네 말도 맞다. 너 같은 용기 있는 신하를 둔 눌지왕이 참으로 부럽구나. 복호 왕자를 데려가 핏줄과 상봉하도록 하여라."

박제상은 장수왕의 배려에 힘입어 복호 왕자를 데려오자마자 곧바로 왜로 향했어요. 미사흔 왕자를 구출하기 위해서였습니다.

그런데 왜왕은 성질이 포악하기로 소문이 자자했지요. 박제상은 복호 왕자를 구출할 때와는 다른 꾀를 내기로 했어요.

"신라 왕은 아무 죄도 없는 제 아버지와 형을 죽인 원수입니다. 모름지기 대왕의 신하가 되어서 원수를 갚고 싶습니다."

왜왕은 박제상의 말에 감쪽같이 속아 넘어갔지요. 박제상은 왜왕의 신임을 얻기 위해 귀한 것을 구해다 바치는 등 갖은 노력을 다했어요. 왜왕은 박제상을 믿고 자신의 가까이에 두었습니다. 이 같은 기회를 그냥 넘길 수는 없었지요. 박제상은 기회를 엿보아 미사흔 왕자를 신라로 탈출시키고, 자신이 대신 붙잡혔습니다.

"네가 내 신하로 충성을 다한다면, 부귀영화를 누릴 수 있게 해주겠다. 그러나 이를 거부한다면 죽음을 면치 못하리라."

왜왕은 지혜로운 박제상을 곁에 두고 싶어 이렇게 살살 꾀었습니다.

"차라리 신라의 개, 돼지로 살지언정 왜의 신하가 되지는 않겠소."

화가 난 왜왕은 박제상에게 모진 고문을 하도록 명령했어요. 발바닥 가죽을 벗겨 칼날 같은 갈대 위를 걷게 해도, 뜨겁게 달구어진 철판 위를 걷게 해도, 박제상의 마음은 전혀 흔들리지 않았어요.

"내 신하가 되겠다고 한 마디만 하여라, 어서?"

안타까운 마음에 왜왕이 얼렀습니다. 그러나 박제상은 끄덕도 않고 모진 고문을 받았어요. 왜국의 신하로 사느니, 죽어서 영혼이라도 신라로 돌아가겠다는 것이었지요.

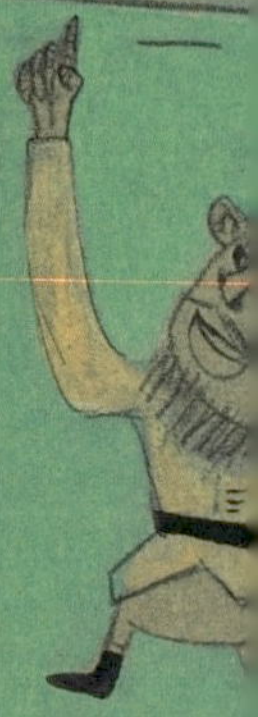

옥중에서도 독립 만세를 외친 유관순

열여덟 살의 여학생 유관순은 자신의 고향인 충청남도 천안 아우내 장터에서 열린 독립 만세 운동을 이끌었어요. 일본 경찰에 체포된 유관순은 감옥 안에서도 나라의 독립을 위해 싸워야 한다고 생각했지요. 감옥 안에서도 독립 만세 운동을 그치지 않는 유관순은 일본 경찰들에게는 큰 골칫거리였지요. 모진 고문을 당해도 유관순은 결코 자신의 뜻을 꺾지 않았어요. 재판정에 나가서도 일본의 조선 침략을 꾸짖고, 독립 만세 운동이 옳은 일이라는 걸 떳떳이 밝혔어요. 유관순은 모진 고문 끝에 감옥 안에서 숨을 거두었어요.

달콤한 유혹을 뿌리친 만델라

아프리카의 남아프리카공화국은 오랜 세월 영국의 다스림을 받았어요. 그 동안 영국 통치자들은 몇 안 되는 백인들에게는 좋은 대접을 해 주었지만, 대다수를 차지하는 흑인들에게는 굶주림과 고통을 주었어요. 정말 말도 안 되는 일이었지요. 이에 분노를 느낀 사람들은 영국을 몰아내고 독립하려고 꽃다운 목숨을 바쳤답니다. 넬슨 만델라는 열심히 공부해서 변호사가 되었지만, 이

같은 나라의 현실을 바꾸기 위해서는 영국 사람들과 싸우는 길밖에는 없다는 걸 깨달았어요. 흑인들의 권리를 위해 싸우다가 옥에 갇힌 만델라는 종신형을 받고, 27년 동안 감옥에서 살았어요. 그러나 감옥에서도 투쟁을 멈추지 않아 남아프리카공화국 사람들의 등불 같은 사람이 되었지요. 백인 통치자들은 몇 차례나 만델라에게 뜻을 꺾으면 석방시켜 주겠노라고 꾀었어요. 만델라는 이를 거절하고 자신의 뜻을 꺾지 않았어요. 감옥에서 나온 만델라는 남아공 최초의 흑인 대통령이 되어서 흑인들을 차별하는 정책을 없애려고 노력했고, 흑인과 백인이 함께 잘 사는 세상을 만들기 위해 애썼답니다.

고려를 위해 죽으리라

고려 말, 정몽주는 뛰어나게 공부를 잘한 학자였어요. 또 여러 벼슬을 두루 거치면서 고려의 위급한 일을 잘 처리한 정치가이기도 했지요. 그런데 지방 벼슬아치 중 하나였던 이성계가 고려를 뒤엎고 새로운 나라인 조선을 세운 거예요. 고려의 충신이었던 정몽주는 이성계의 뜻에 반대했지요. 그런데도 이성계는 정몽주의 실력이 아까워 조선 왕조에서 일하도록 거듭 권했어요. 그러나 끝까지 이를 따르지 않자, 결국 이성계의 아들 이방원에게 죽임을 당했어요. 죽음을 무릅쓰고 고려를 지키려 한 것이지요.

12. 신념을 지키기 위한 거절하기

죽음을 택한 소크라테스

"자, 내가 모든 방도를 구해 두었네. 내 말만 따르면 돼."

크리톤이 말했어요. 크리톤은 소크라테스의 진정한 친구 가운데 한 사람이었죠. 소크라테스는 사형 집행을 앞두고 있었어요. 크리톤은 감옥에 갇혀 사형 날짜를 기다리는 친구의 꼴이 기가 막혔지요.

크리톤은 소크라테스를 아꼈어요. 게다가 소크라테스가 재판을 통해 받은 사형 판결이 옳지 않다고 생각했지요. 그리고 소크라테스 같은 지혜로운 인물이 죽는 일을 막고 싶었어요.

크리톤은 제일 먼저 '소크라테스 탈출 작전'을 세웠어요. 그러기 위해서는 도와줄 사람을 찾아야 했어요. 소크라테스가 외국에서 살 수 있도록 돈을 마련하고, 배를 구하고, 뱃사공을 구하고, 간수에게 뒷돈을 찔러 주고……. 정말 눈코 뜰 새 없이 바쁜 나날을 보냈지요. 크리톤은 탈출 준비를 모두 마치고 나서 이렇게 소크라테스를 찾아온 거예요.

"자네가 아테네를 몰래 빠져 나간다고 해도 아무도 뭐라 하지 않을 걸세."

크리톤이 계속 말했어요.

"간수에게 돈을 찔러 주었네. 모두 눈감아 주기로 했어. 이미 자네가 타고 떠날 배도 구해 두었네. 다른 나라에서 살아 보는 것도 좋은 경험이 될 거야."

그 말에 소크라테스가 지그시 감고 있던 눈을 떴어요. 소크라테스 눈에 친구 크리톤의 얼굴이 보였지요.

"자네는 정말 좋은 친구야. 자네가 있어서 정말 즐거웠네."

그 말에 크리톤이 화를 냈어요.

"도대체 무슨 소린가? 우린 얼마든지 다시 만날 수 있어. 내 말만 들어. 그럼 얼마든지 살아날 수 있네."

소크라테스가 천천히 고개를 저었어요.

"이보게, 친구. 나도 살고 싶네. 누군들 안 그렇겠나? 그렇지만 난 올바르게 살고 싶네. 목숨을 잇기 위해 술수를 쓰지는 않겠네."

크리톤의 얼굴이 붉어졌어요. 화가 난 것이 분명했지요.

"자네를 위해서가 아니야. 나를 위해서 살아 주게. 부탁하

네."

크리톤은 친구의 손을 잡고 간절하게 부탁했어요. 소크라테스는 천천히 고개를 끄덕였어요.

"크리톤, 자네 마음을 모르는 건 아니야. 하지만 나를 이해해 주게. 내가 여태까지 사람들에게 이야기한 것이 무엇이었나?"

소크라테스는 따사로운 눈길로 친구 얼굴을 바라보았어요.

"말과 행동이 같아야 한다는 거였지."

그 말을 하면서 크리톤은 친구의 눈길을 피했어요. 친구가 다음에 어떤 말을 할지 뻔히 알 수 있었거든요.

"바로 그거네. 난 재판정에서 '무죄'를 주장했네. 그런데 내가 감옥을 탈출해서 숨어 버린다면 사람들은 나를 뻔뻔한 거짓말쟁이로 생각할 걸세. 난 목숨을 잇기 위해 비겁하게 살아남기를 바라지는 않는다네. 난 죽더라도 내 주장이 떳떳했다는 걸 알리고 싶네. 자네라면, 내 마음을 이해하지?"

크리톤은 더 이상 아무 말도 할 수 없었어요.

"소크라테스……."

크리톤이 울먹이며 친구의 이름을 불렀어요. 두 친구는 서로 부둥켜안았어요. 결국 친구의 마음을 바꿀 수 없다는 걸 깨달

은 크리톤이 감옥 문을 나설 때였어요. 소크라테스가 다급하게 친구 이름을 불렀어요.

"왜 그러나?"

크리톤은 '혹시 마음이 바뀌었나?' 하는 마음에 얼른 뒤돌아보았어요.

"내가 아스클레피오스에게 닭을 한 마리 빚졌네. 자네가 갚아 주게."

크리톤은 어이가 없어 허탈하게 웃고 말았답니다.

그리고 이렇게 덧붙였어요.

"오늘 밤, 감옥문은 열려 있을 걸세. 어떤 길을 선택할지는 자네 맘에 달렸어."

마지막까지 미련을 버리지 못한 크리톤은 이 말을 남겨 두고 나갔어요.

그 날 밤, 감옥 문을 열고 소크라테스가 나왔어요. 숨어서 지켜보고 있던 크리톤은 너무 기뻐 소리를 지를 뻔했지요.

소크라테스는 문밖에 나와 언덕 아래를 굽어보았어요. 그가 평생 살아 온 아테네가 눈앞에 펼쳐져 있었지요. 소크라테스는 무언가 생각에 잠긴 듯 한참을 서성였어요. 그러더니 다시 감옥 문을 열고 안으로 들어가는 거예요. 크리톤은 다리에 힘이 빠져서 그 자리에 주저앉고 말았지요.

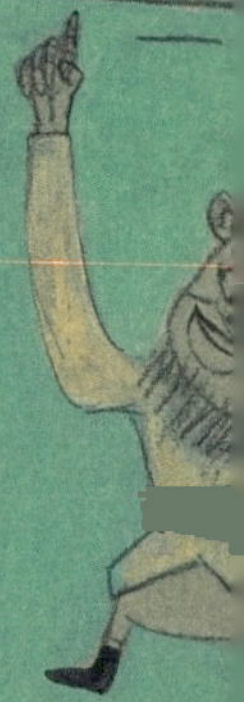

소크라테스, 사형을 선고받다

'너 자신을 알라' 라는 말로 유명한 고대 그리스의 철학자 소크라테스를 알고 있지요? 소크라테스는 '젊은이들을 타락의 길로 이끌고, 국가 반란을 꾀했다.' 는 이유로 사형을 선고받았어요. 그러나 소크라테스는 무죄를 주장했고, 결국 독이 든 술잔을 마셨지요.

소크라테스는 자신이 무죄라고 생각했지만, 자신의 평소 철학대로 죽음에 겁먹지 않는 모습을 보여 주기로 결심했다는 거예요. 그는 평소 제자들에게 "인간의 영혼은 육체가 있건 없건 상관없이 영원히 사는 것"이라고 말했지요.

삶 대신 죽음을 택하다

사실 마음만 먹었다면, 소크라테스는 여러 차례 살 기회가 있었지요. 재판을 받게 됐을 때, 여태까지 했던 행동을 뉘우쳤으면 살아날 수 있었지요. 그러나 소크라테스는 자기에게는 아무 죄가 없다고 주장했어요. 젊은이들을 나쁜 길로 이끈 것이 아니라, 올바르게 살도록 이끌었다고 말했어요. 또 많은 벌금을 내면 풀어주겠다고 하는데도, 자기는 큰 죄를 짓지 않았기 때문에 1므나

(우리 돈으로 치면 1백 원 정도)는 낼 수 있지만, 더 큰 돈을 낼 수는 없다고 했어요. 결국 소크라테스는 자신이 유죄라는 주장을 받아들이지 않았던 것이지요.

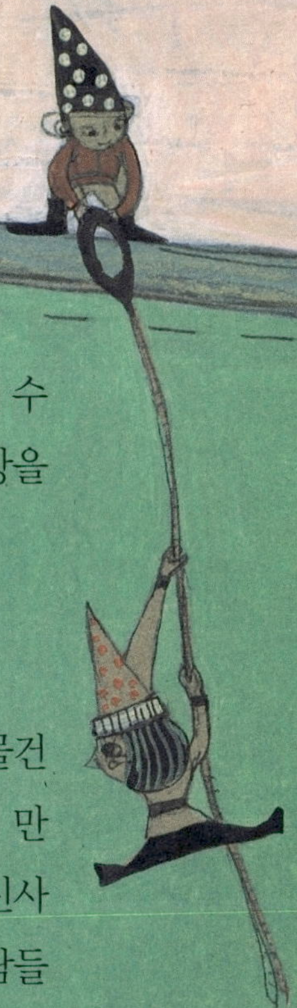

신사참배 거부한 조만식

일제 강점기, 조선을 집어삼킨 일본은 우리나라의 좋은 물건을 빼앗는 데 그치지 않았어요. 조선 사람들을 일본 사람처럼 만들기 위해 일본 말만 쓰게 하고, 신사 참배를 하게 했지요. 신사란 일본 사람들이 믿는 종교인 신도의 사원이에요. 조선 사람들의 생각과 믿음까지 일본 사람처럼 바꾸고 싶었던 거지요. 그러나 당시 조선일보 사장이었던 조만식은 신사 참배를 거부했어요. 또 일본이 벌인 전쟁에 조선 사람들을 군인으로 끌고 가는 지원병제도 역시 거부했지요. 자칫하면 목숨을 잃을 수도 있는 위험천만한 일이었지요.